HANS SCHÄFER

Probleme einer Neugliederung des Bundesgebietes

SCHRIFTENREIHE
DER JURISTISCHEN GESELLSCHAFT e.V.
BERLIN

Heft 12

Berlin 1963

WALTER DE GRUYTER & CO.

vormals G. J. Göschen'sche Verlagshandlung · J. Guttentag, Verlagsbuchhandlung

Georg Reimer · Karl J. Trübner · Veit & Comp.

Probleme einer Neugliederung des Bundesgebietes

Von

Dr. Hans Schäfer

Staatssekretär im Bundesministerium des Innern, Bonn

Vortrag
gehalten vor der
Berliner Juristischen Gesellschaft
am 1. Februar 1963

Berlin 1963

WALTER DE GRUYTER & CO.

vormals G. J. Göschen'sche Verlagshandlung · J. Guttentag, Verlagsbuchhandlung
Georg Reimer · Karl J. Trübner · Veit & Comp.

Archiv-Nr. 2 727 63 5

Satz und Druck: $ Saladruck, Berlin 65

I.

Das Grundgesetz erteilt in Art. 29 Abs. 1 bis 6 den Auftrag, das Bundesgebiet durch Bundesgesetz neu zu gliedern. Dem Gesetzgeber wird dabei die Beachtung gewisser „Richtbegriffe" vorgeschrieben, die ein o r g a n i s c h e s Ergebnis der Neugliederung sichern sollen. Ich befasse mich in meinen folgenden Ausführungen nur mit dieser u m f a s s e n d e r e n Neugliederung, nicht dagegen mit den sonstigen Änderungen des Bundesgebietes, für die der Abs. 7 des Art. 29 ein Verfahrensgesetz vorschreibt; damit sind nur Gebietsverschiebungen g e r i n g e r e n U m f a n g s gemeint.

Der Gedanke einer territorialen Reform des deutschen Staatsgebietes ist nicht n e u. Man kann vielmehr sagen, daß die Geschichte Deutschlands in ihren räumlichen Vorgängen jahrhundertelang nichts anderes als eine ständige Neugliederung gewesen ist. Dies gilt insbesondere für jene Epochen, in denen sich das Schwergewicht des politischen Lebens vom Reich mehr und mehr auf seine einzelnen Territorien verlagerte. Damals entstand jenes buntscheckige Bild der deutschen Landkarte, das sich bis ins 19. Jahrhundert erhalten hat. Mit Recht hat T h e o d o r E s c h e n b u r g darauf hingewiesen, daß es — unter dem Aspekt eines Jahrtausends gesehen — außer den beiden kurzfristigen Versuchen Karls des Großen und Ottos I., eine deutsche Zentralgewalt zu schaffen, bis zur Reichsgründung 1870/71 keine Instanz in Deutschland gegeben hat, die stark genug gewesen wäre, dem Staatsgebiet der Deutschen eine vernünftige, wahrhaft ordnende Gliederung zu geben[1]. Die immerwährenden Veränderungen im Gebietsstand der einzelnen Herrschaften kamen zwar auf dem Wiener Kongreß 1815 und durch den österreichisch-bayerischen Vertrag vom 14. April 1816 zu einem vorläufigen Abschluß.

---

[1] Vgl. Eschenburg, Theodor, Das Problem der Neugliederung der Deutschen Bundesrepublik, dargestellt am Beispiel des Südweststaates, Frankfurt/Main 1950, S. 8.

Während auf dem Reichstag zu Regensburg 1683 noch mehr als 300 Gebietsherren vertreten waren, so war nunmehr die Zahl der Bundesstaaten auf 39 zusammengeschmolzen. Sinnvoll war diese „Bereinigung" jedoch keineswegs; denn zu diesen 39 Staaten zählten sowohl europäische Großmächte wie Österreich und Preußen als auch Zwerggebilde, die sich aus zahllosen getrennten Teilen und Parzellen zusammensetzten. Der Versuch des Reichsfreiherrn vom Stein, Deutschland in Reichskreise einzuteilen, blieb ebenso Projekt wie drei Jahrhunderte vorher die Bemühungen Kaiser Maximilians I. Preußen glich die gröbsten Unzulänglichkeiten seines Staatsgebiets in Auswirkung der Kriege von 1864 und 1866 durch die Annexion Schleswig-Holsteins, Hannovers, Kurhessens und Frankfurts aus. Die Reichsverfassung von 1871, die in Art. 1 die Staaten namentlich aufführte, die Mitglieder des „Ewigen Bundes" waren, enthielt keine Vorschriften über eine Veränderung des Bestandes der Einzelstaaten. Sie schützte jedoch die Rechte der Dynastien und garantierte damit mittelbar den Bestand der Länder, damals Bundesstaaten genannt. Es unterblieb aber auch jeder freiwillige Zusammenschluß dieser Staaten, der ebenfalls eine Änderung der Reichsverfassung erfordert hätte, weil die Stimmenzahl jedes einzelnen Bundesstaates im Bundesrat durch die Verfassung genau festgelegt war.

In der Weimarer Nationalversammlung scheiterte am Widerstand der Länder der erste Versuch von Hugo Preuß, eine Neuordnung vornehmlich auf Kosten einer Aufteilung Preußens herbeizuführen. Die Weimarer Verfassung gab dem Reformgedanken schließlich nur insoweit Raum, als Art. 18 in einem komplizierten Verfahren Möglichkeiten für eine Neugliederung vorsah. An der Spitze des Art. 18 stand der Satz, die Gliederung des Reiches in Länder solle „unter möglichster Berücksichtigung des Willens der beteiligten Bevölkerung der wirtschaftlichen und kulturellen Höchstleistung des Volkes dienen". Die Änderung des Gebietes von Ländern und die Neubildung von Ländern innerhalb des Reiches konnte — wenigstens dem Grundsatz des Art. 18 Abs. 1 WRV nach — ohne Mitwirkung oder gar Zustimmung des betroffenen Landes oder der betroffenen Bevölkerung durch ein verfassungsänderndes Reichsgesetz erfolgen. Unter Umständen genügte aber ein einfaches Reichsgesetz; das war nach Art. 18 Abs. 2 WRV der Fall, wenn die unmittelbar beteiligten Länder zustimmten oder aber dann, wenn zwar eines der beteiligten Länder n i c h t zustimmte, aber die Gebietsänderung oder Neubildung durch den Willen der Bevölkerung gefordert und durch ein überwiegendes Reichsinteresse erheischt wurde (Art. 18 Abs. 3 WRV).

Von diesen Möglichkeiten ist praktisch wenig Gebrauch gemacht worden. Es waren in jener Epoche im wesentlichen nur „Flurbereinigungen". 1920 schlossen sich die sieben Thüringischen Länder zusammen[2], allerdings ohne die preußischen Anteile und ohne Coburg, das sich mit Bayern vereinigte[3]. Später ging im Jahre 1928 Waldeck an Preußen über[4]. Schließlich vereinbarten Sachsen und Thüringen ebenfalls 1928 einen gegenseitigen Gebietsaustausch ihrer En- und Exklaven[5]. Nicht zu Unrecht hat man aber den Vätern der Weimarer Reichsverfassung vorgeworfen, daß sie das entscheidende Problem „Reich-Preußen" ungelöst gelassen hätten und daß eine den Notwendigkeiten des Reichs entsprechende territoriale Neugliederung unterblieb.

Der gesamte Fragenkomplex einer R e i c h s r e f o r m wurde in den 20er Jahren immer wieder lebhaft diskutiert[6]. In seiner 1926 erschienenen Schrift „Reichsland Preußen" unterbreitete der Landesrat K i t z einen Vorschlag, der darauf hinauslief, Preußen mit dem Reiche so zu verschmelzen, daß es ihm als Reichsland unmittelbar unterstellt war. Der preußische Finanzminister H ö p k e r - A s c h o f f griff in einer 1928 publizierten Schrift „Deutscher Einheitsstaat" diesen Vorschlag auf. Ebenso schloß sich ihm der im Januar 1928 gegründete „Bund zur Erneuerung des Reiches" an. Diese Idee veranlaßte 1928 die Reichsregierung Dr. Marx, eine L ä n d e r k o n f e r e n z einzuberufen, an der Vertreter der Reichsministerien sowie die Regierungen sämtlicher Länder teilnahmen. Der von dieser Konferenz eingesetzte Verfassungsausschuß schloß seine Arbeiten im Juni 1930

---

[2] RGBl. S. 841.
[3] RGBl. S. 842.
[4] RGBl. I S. 401.
[5] RGBl. I S. 115.
[6] Vgl. hierzu und zum Folgenden: Apelt, Willibaldt, Geschichte der Weimarer Verfassung, München 1946, S. 393 ff.; ferner: „Reich und Länder, Vorschläge — Begründungen — Gesetzentwürfe" herausgegeben vom Bund zur Erneuerung des Reiches, 2. Aufl., Berlin 1928.

ab. Den Kern seiner Vorschläge bildete die Verschmelzung Preußens mit dem Reich, allerdings nicht in der Form der Bildung eines Reichslandes, sondern in Annäherung an die von Hugo Preuß in seinem ersten Entwurf zur Reichsverfassung verfolgte Absicht einer Auflösung des preußischen Staatsverbandes in seine bisherigen Provinzen und die Erhebung der Provinzen in den Rang reichsunmittelbarer Länder. Diesen „neuen Ländern" sollten die Länder „alter Art" (Bayern, Sachsen, Württemberg und Baden) gegenüberstehen. Hinsichtlich des Schicksals der übrigen kleineren Länder traf der Vorschlag keine eindeutige Regelung.

Für diese als „differenzierende Endlösung" bezeichnete Neuorganisation Deutschlands, die im Ergebnis weder als Einheitsstaat noch als Bundesstaat hätte bezeichnet werden können, bestand jedoch in den letzten Jahren der Weimarer Republik keine Chance mehr.

Das sog. Dritte Reich nahm den Ländern ihre Eigenstaatlichkeit und verwandelte das Reich alsbald durch eine Reihe von Gesetzen in einen straff zentralisierten Einheitsstaat.

Da die ausschließliche Gewalt nunmehr bei der Reichsregierung lag, konnte sie, zum Teil unter Verwendung der bereits in der Weimarer Republik ausgearbeiteten Pläne, u. a. folgende Maßnahmen durchführen:

1933 wurden die beiden Länder Mecklenburg-Schwerin und Mecklenburg-Strelitz zusammengelegt[7]. Lübeck und der schleswig-holsteinische Teil Oldenburgs wurden auf Grund des Gesetzes vom 26. Januar 1937[8] Preußen eingegliedert; auf Grund des gleichen Gesetzes wurde Hamburg um Harburg, Altona und Wandsbeck erweitert.

II.

Es erscheint mir, bevor ich mich unserer heutigen Situation in der Bundesrepublik Deutschland zuwende, von Interesse, zum Vergleich die Möglichkeiten der gebietsmäßigen Umgliederung in einigen anderen Bundesstaaten kurz anzudeuten.

---

[7] RGBl. I S. 1065.
[8] RGBl. I S. 91.

Die Verfassungen der anderen Bundesstaaten kennen durchweg die Möglichkeit einer Gebietsänderung der Gliedstaaten. Ebenso ist diesen bundesstaatlichen Verfassungen der Grundsatz gemeinsam, daß Veränderungen des Bundesgebietes in der Regel nur auf Grund eines Zusammenwirkens der verfassungsmäßig berufenen Organe des Bundes und der einzelnen Glieder des Bundes, der Länder oder — in der Schweiz — der Kantone erfolgen können. Hinsichtlich der Art dieses Zusammenwirkens weichen die einzelnen Bundesverfassungen ziemlich weitgehend voneinander ab. Ich beschränke mich im folgenden auf eine kurze Betrachtung der Rechtslage in den USA, in Österreich und in der Schweiz:

1. Die Verfassung der Vereinigten Staaten von Amerika von 1787 bestimmt in ihrem Artikel 4 Abschnitt 3 Absatz 1:
„Neue Einzelstaaten können durch den Kongreß in diesen Bund aufgenommen werden. Jedoch darf kein neuer Einzelstaat innerhalb des Hoheitsgebiets eines anderen Einzelstaates gebildet oder errichtet werden. Auch ist die Bildung eines neuen Einzelstaates durch Zusammenschluß von zwei oder mehreren Einzelstaaten oder Teilen von solchen ohne die Zustimmung der gesetzgebenden Körperschaften der betreffenden Einzelstaaten und des Kongresses nicht gestattet."

Es besteht also ähnlich wie unter Art. 18 der Weimarer Verfassung und Art. 29 GG eine Möglichkeit der internen Neuordnung der einzelnen Staatsgrenzen, von der auch wiederholt Gebrauch gemacht worden ist[9]. Die Entscheidung über die gewünschte Änderung liegt aber, im Gegensatz zu der Regelung nach Art. 29 GG nicht allein bei der gesetzgebenden Körperschaft des Gesamtstaates, vielmehr müssen auch die Gesetzgebungsorgane der betroffenen Einzelstaaten zustimmen.

2. Nach dem Bundesverfassungsgesetz der Republik Österreich in der Fassung vom 7. Dezember 1929 (wieder in Kraft gesetzt durch Gesetz vom 1. Mai 1945) ist hinsichtlich der rechtlichen Voraussetzungen für eine Änderung des Bundesgebietes und der Landesgebiete zwischen Gebietsänderungen zu unterscheiden, die auf Grund von Friedensverträgen erfolgen

---

[9] Vgl. Loewenstein, Karl, Verfassungsrecht und Verfassungspraxis der Vereinigten Staaten, Berlin 1959, S. 45 ff.

und sonstigen Änderungen des Staatsgebietes[10]. Die Fälle der ersten Alternative können hier außer Betracht bleiben. Im zweiten Falle, der sonstigen Gebietsänderungen, ist zu unterscheiden, ob die Änderung des Bundesgebietes zugleich eine Änderung des Gebiets eines Landes darstellt oder nicht. Eine Änderung des Bundesgebietes, die nicht zugleich Änderung eines Landesgebiets ist, bedarf nach Art. 3 Abs. 2 BVerfG eines Verfassungsgesetzes des Bundes. Diese Bestimmung könnte nur dann Bedeutung erlangen, wenn dem Bundesgebiet ein neues Territorium als selbständiges Bundesland eingegliedert würde. Alle übrigen Gebietsänderungen können nur durch übereinstimmende Verfassungsgesetze des Bundes und des Landes erfolgen, dessen Gebiet eine Änderung erfährt, also etwa Änderung von Landesgrenzen innerhalb des Bundesgebiets, insbesondere die Vereinigung zweier oder mehrerer Bundesländer zu einem Land, die Abtrennung von Gebietsteilen eines Landes und Zuweisung zu einem anderen Landesgebiet sowie die Teilung eines Bundeslandes in zwei oder mehrere selbständige Länder.

3. Nach Artikel 1 der Bundesverfassung der Schweizerischen Eidgenossenschaft vom 19. April 1874 setzt sich der Bund aus 22 Kantonen zusammen. In Wirklichkeit bestehen allerdings 25 Kantone, da drei von ihnen (Unterwalden, Basel und Appenzell) in je zwei Halbkantone zerfallen. Der Umstand, daß entgegen dem Wortlaut des Art. 1 der Bundesverfassung 25 Kantone bestehen, kommt allerdings in Art. 1 selbst zum Ausdruck, in dem es bei der Aufzählung der geteilten Kantone beispielsweise heißt: „Basel (Stadt und Landschaft)“. Die Bundesverfassung hat die 25 Kantone und damit die bundesstaatliche Struktur des Landes nach verschiedenen Richtungen in umfassender Weise sichergestellt[11]. Zunächst sichert die Bundesverfassung den Bestand der einzelnen Kantone und Halbkantone als solchen. Dies ist dadurch geschehen, daß Art. 1 der Bundesverfassung, wie erwähnt, die Kantone der Eidgenossenschaft einzeln aufzählt. Für jede Änderung im zahlenmäßigen Bestand der Kantone

---

[10] Vgl. hierzu Adamovich, L./Spanner, H., Handbuch des Österreichischen Verfassungsrechts, 5. Aufl., Wien 1957, S. 128, 129.

[11] Vgl. Fleiner-Giacometti, Schweizerisches Bundesstaatsrecht, Zürich 1949, S. 48 ff.; ferner: Nef, Hans, Wandlungen im Bestand der Kantone (Baseler Wiedervereinigung — Berner Jura), in: Zeitschrift für Schweizerisches Recht, NF, Bd. 77 (1958), S. 1 ff.

ist daher eine Änderung der Bundesverfassung erforderlich. Das ist in verschiedener Hinsicht von rechtlicher Bedeutung. Es bedeutet zunächst, daß kein Kanton ohne Einwilligung des Bundes aus der Eidgenossenschaft austreten darf. Auf der anderen Seite ist die Aufnahme eines neuen Kantons durch Angliederung ausländischen Gebiets an die Schweiz ebenfalls nur durch eine Revision des Art. 1 der Bundesverfassung möglich. Schließlich darf eine Verschmelzung zweier Halbkantone oder ganzer Kantone oder die Teilung eines Kantons nur auf dem Wege einer Verfassungsänderung erfolgen. Anläßlich der Bemühungen um eine Wiedervereinigung der Kantone Basel-Stadt und Basel-Landschaft hat sich gezeigt, daß eine solche Verfassungsänderung kaum zustande kommen kann. Nach Art. 1 der Bundesverfassung bilden die Kantone in ihrer Gesamtheit die Schweizerische Eidgenossenschaft. Eine Änderung dieses Artikels setzt voraus, daß sich ein neuer Kanton gebildet hat. Da aber die Bildung eines neuen Kantons gegen Art. 1 der Bundesverfassung verstößt, hat der Bund im Falle Basel die Gewährleistung der Verfassung des neuen Kantons gem. Art. 6 der Bundesverfassung verweigert. Die Wiedervereinigungsbestrebungen von Basel-Stadt und Basel-Landschaft befinden sich daher seit Jahrzehnten in einer — wie es scheint — ausweglosen Situation.

Schon dieser kurze Vergleich macht deutlich, daß die Frage der Neugliederung auch in außerdeutschen Ländern mit bundesstaatlicher Verfassung trotz ihrer verschiedenen historischen Entwicklung erhebliche verfassungsrechtliche Probleme aufwerfen kann.

III.

Wenn ich mich nunmehr unseren h e u t i g e n Verhältnissen in der Bundesrepublik zuwende, so ist vorweg folgendes festzuhalten: Die nach dem Zusammenbruch des Deutschen Reiches in den Jahren nach 1945 entstandenen Länder beruhten auf dem W i l l e n d e r B e s a t z u n g s m ä c h t e. Die Grenzziehung wurde hierbei den Grenzen der jeweiligen Besatzungszonen angepaßt und erfolgte vielfach w i l l k ü r l i c h. Nur die wenigsten der neu gegründeten Länder konnten auf eine staatliche Tradition zurückblicken, wie Bayern, Hamburg und Bremen. Besonders mißglückt waren die Ländergründungen im badisch- württembergischen Raum, auf den ich weiter unten noch ausführlich zu sprechen komme. Aber auch die Grenzziehung zwischen den Neuschöpfungen Rheinland-Pfalz und Hessen war und ist heute noch denkbar unvorteilhaft. Ich brauche nur zu erwähnen, daß man quer durch das Stadtgebiet von Mainz die Landesgrenze gezogen und die rechtsrheinischen Vororte von Mainz, nämlich Amöneburg, Kastel, Kostheim, Gustavsburg und Ginsheim, Hessen zugeschlagen hat. Andererseits hat man dem Lande Rheinland-Pfalz mit dem neugeschaffenen Regierungsbezirk Montabaur, der ganze vier Landkreise umfaßt, ein Gebiet zugeschlagen, das sehr stark zu Hessen tendiert.

Diese — überwiegend auf den damaligen besatzungspolitischen Erwägungen beruhende — Situation verlangte naturgemäß nach einer Änderung. Demgemäß beschäftigte sich schon der Herrenchiemseer Verfassungskonvent eingehend mit dem Problem einer Länderneugliederung. Man konnte sich jedoch über die Fassung des einschlägigen Artikels 28 nicht einigen[12].

Der Parlamentarische Rat sprach sich von Anfang an für die Möglichkeit einer umfassenden Neugliederung aus. Er strebte im Rahmen der gegebenen Situation (Auflösung Preußens einerseits — Zwang und eigenes Bedürfnis nach bundesstaatlicher Gestaltung andererseits) eine optimale Lösung unter Berücksichtigung früherer Reformpläne an[13].

1. Die Prinzipien, nach denen die Neugliederung des Bundesgebiets zu erfolgen hat, sind in Artikel 29 Abs. 1 GG niedergelegt, die ich wörtlich wiedergeben möchte:

> „Das Bundesgebiet ist unter Berücksichtigung der landsmannschaftlichen Verbundenheit, der geschichtlichen und kulturellen Zusammenhänge, der wirtschaftlichen Zweckmäßigkeit und des sozialen Gefüges durch Bundesgesetz neu zu gliedern. Die Neugliederung soll Länder schaffen, die nach Größe und Leistungsfähigkeit die ihnen obliegenden Aufgaben wirksam erfüllen können."

---

[12] Vgl. v. Doemming/Füßlein/Matz, Entstehungsgeschichte der Artikel des Grundgesetzes, JöR, NF, Bd. 1, Tübingen 1951, S. 262 ff.
[13] v. Doemming/Füßlein/Matz, a. a. O., S. 268 ff.

Diese grundlegende Bestimmung des „Neugliederungsartikels"
steckt den Rahmen ab für jede Konzeption, d. h. sowohl für eine
„Gesamtlösung" als auch für ein Vorgehen in einzelnen „Phasen".
Ich komme auf diesen Unterschied später noch zurück.

Aus der Gesamtstruktur des Grundgesetzes in Verbindung
mit den einschlägigen „Fristbestimmungen" (Art. 23 und Art. 29
Abs. 6 Satz 2 GG) ergibt sich ferner, daß bei der Neugliederung
des Bundesgebietes auch auf die gegenwärtig noch außerhalb
des Geltungsbereiches des GG befindlichen deutschen Gebiete
Rücksicht zu nehmen ist, um deren künftige Einbeziehung nicht
unnötig zu erschweren.

Die in Art. 29 Abs. 1 GG an die Adresse des Bundesgesetzgebers gerichtete Forderung („Das Bundesgebiet ist neu zu
gliedern") macht die Neugliederung zu einer ausschließlichen
Angelegenheit des Bundes: Sie erfolgt durch Bundesgesetz,
„von Bundes wegen" wie es in den Entwürfen zu Artikel 29 GG
gelautet hatte. Die Länder sind in das Verfahren nicht einge-
schaltet; insbesondere haben die Landesgesetzgeber kein Mit-
spracherecht wie in den vorhin erwähnten Bundesstaaten. Die
Neugliederung des Bundesgebietes ist bei uns nicht im Interesse
der bestehenden Länder vorgesehen, sondern im Interesse des
Ganzen. Sie erfolgt auch nur nach den übergeordneten Gesichtspunkten des Ganzen (Art. 29 Abs. 1 GG). Sie kann daher zur
Beseitigung bestehender Länder oder zu einer solchen territorialen Umgestaltung führen, daß die umgestalteten Länder nicht
mehr identisch sind mit den Ländern in ihrer gegenwärtigen
Gestalt. Das Grundgesetz stellt nach der Entscheidung des
Bundesverfassungsgerichts vom 11. Juli 1961 (BVerfGE 13 S. 54
— dem sog. Hessenurteil —) „den territorialen und personalen
Bestand, ja die Existenz einzelner Länder zur Disposition der
Bundesgewalt." Der Bund bestimmt dadurch, welchen Gebieten
der Status eines Landes zukommt. Diese Bundeszuständigkeit
bedeutet sicher einen schwerwiegenden Einbruch in die Gebiets-
hoheit der Länder. Der Verfassungsgeber hat aber diese Regelung um der höheren Interessen der Gesamtstaatengemeinschaft
willen bewußt in Kauf genommen[14].

---

[14] Vgl. Wernicke, in: Kommentar zum Bonner Grundgesetz, Hamburg
1950, Erl. II 1 b) zu Art. 29 GG.

Andererseits erwächst — was ich an dieser Stelle schon mit aller Deutlichkeit herausstellen möchte — aus dem uns überkommenen B u n d e s r a t s p r i n z i p, demgegenüber sich weder 1919 noch 1949 das Senatsprinzip durchzusetzen vermochte, eine hintergründige Bremse für die Neugliederung. Als Beispiel möchte ich nennen: Bei der Errichtung des Landes Baden-Württemberg 1951/52 änderte sich das Stimmenverhältnis im Bundesrat in der Weise, daß dieses Land fünf Stimmen erhielt, während zuvor Südbaden und Südwürttemberg-Hohenzollern je 3 und Nordwürttemberg-Nordbaden 4, also insgesamt 10 Stimmen hatten. Ähnlich würde es werden, wenn etwa die Länder Hessen und Rheinland-Pfalz, die jetzt je vier Stimmen im Bundesrat besitzen, und das Saarland mit jetzt drei Stimmen zu einem Land vereinigt würden. Im Bundesrat müssen bekanntlich die Stimmen eines Landes einheitlich abgegeben werden und in der Stimmabgabe kommt die Meinung der jeweiligen Landesregierung, nicht auch der dortigen Opposition zur Geltung. Nun gibt es Länder, in denen sich schon drei oder mehr Legislaturperioden hindurch die parteipolitischen Kräfteverhältnisse nicht wesentlich verschoben haben. Wenn auch im Bundesrat nur selten nach parteipolitischen Gesichtspunkten abgestimmt wird, so kann doch die eben geschilderte Situation dazu verführen, mit den Ländern, die eine — ich möchte sagen — stabile Parteienkonstellation besitzen, als dauernden und damit zu erhaltenden Größen — so oder so — zu rechnen.

Ich brauche wohl nicht darzulegen, daß Erwägungen dieser Art, gemessen an dem Verfassungsauftrag des Art. 29 GG und insbesondere an den Richtbegriffen des Abs. 1, auf die ich gleich zu sprechen komme, illegitim sind.

2. Welches sind nun die entscheidenden Gesichtspunkte, die der Bundesgesetzgeber bei einer Neugliederung gem. Art. 29 Abs. 1 GG zu berücksichtigen hat?

Eine Analyse der „R i c h t b e g r i f f e" des Art. 29 Abs. 1 GG bereitet in mehrfacher Hinsicht Schwierigkeiten. Zunächst handelt es sich bei sämtlichen Richtbegriffen um juristisch bisher wenig oder überhaupt nicht gebräuchliche Formulierungen. In der Literatur ist daher der Vorwurf erhoben worden, Art. 29 Abs. 1 GG enthalte nur dehnbare Begriffe und sei wegen seiner weiten Fassung juristisch schwer zu interpretieren[15]. In der Tat kann eine abstrakt-deduktive Betrachtung der Richtbegriffe kaum zu brauchbaren Ergebnissen gelangen. Das Gutachten des Sachverständigenausschusses für die Neugliederung des Bundesgebietes („Luther-Gutachten")[16] — eines von der Bundesregierung im Jahre 1952 eingesetzten Gremiums von 40 Persönlichkeiten — hat versucht, eine Umschreibung der Richtbegriffe empirisch zu gewinnen. Dieser Weg über die Empirie, der erst durch die Arbeiten des Sachverständigenausschusses, vornehmlich seine Reisen in die einzelnen Länder, in ganzer Breite eröffnet wurde, konnte vorher von den Juristen in diesem Maße nicht nutzbar gemacht werden. Meine folgenden Ausführungen verwerten daher insoweit weitgehend die Ergebnisse des „Luther-Gutachtens".

Schwierigkeiten ergeben sich aber noch aus einem anderen Grund: Die unbestimmten Rechtsbegriffe des Art. 29 Abs. 1 GG sind in z w e i G r u p p e n eingeteilt. Für die erste Gruppe ist vorgeschrieben, daß die fünf Richtbegriffe („landsmannschaftliche Verbundenheit", „geschichtliche und kulturelle Zusammenhänge", „wirtschaftliche Zweckmäßigkeit" und „soziales Gefüge") zu „ b e r ü c k s i c h t i g e n " sind. Die zweite Gruppe der Richtbegriffe („Größe und Leistungsfähigkeit") ist in Art. 29 Abs. 1 Satz 2 GG als S o l l vorschrift enthalten und daher ebenfalls nicht absolut bindend. Es stellt sich daher die Frage der R a n g - o r d n u n g zwischen beiden Gruppen, und zwar dahin, ob bei einer Neugliederung alle Richtbegriffe gleichwertig und gleichzeitig zu berücksichtigen sind oder ob die Richtbegriffe des einen Satzes denen des anderen Satzes vorgehen.

Nach richtiger Auffassung dürften die Richtbegriffe beider Gruppen grundsätzlich g l e i c h w e r t i g n e b e n e i n a n d e r stehen, wobei das Ziel des Art. 29 Abs. 1 Satz 2 GG unter Berücksichtigung der Richtbegriffe des Satzes 1 zu erreichen ist, d. h.:

---

[15] Vgl. statt vieler: Glum, Friedrich, Die rechtlichen Voraussetzungen, das Verfahren und die Folgen der Neugliederung von Ländern nach dem Grundgesetz, in: Die Bundesländer — Beiträge zur Neugliederung der Bundesrepublik, Wissenschaftliche Schriftenreihe des Instituts zur Förderung öffentlicher Angelegenheiten e. V., Bd. 9, Frankfurt/Main 1950, S. 171 ff. (183).

[16] Die Neugliederung des Bundesgebietes, Gutachten des von der Bundesregierung eingesetzten Sachverständigenausschusses, herausgegeben vom Bundesminister des Innern, Bonn 1955; zitiert: „Luther-Gutachten".

Das Ergebnis der Neugliederung sollen Länder sein, die nach
Größe und Leistungsfähigkeit die ihnen obliegenden Aufgaben
wirksam erfüllen können. Die vollkommenste Lösung wäre dem-
nach darin zu sehen, möglichst allen Richtbegriffen Rechnung
zu tragen[17].

Im einzelnen ist hierzu noch folgendes zu bemerken: Die drei
ersten Richtbegriffe des Art. 29 Abs. 1 Satz 1 GG („landsmannschaftliche Verbundenheit, geschichtliche und kulturelle Zusammenhänge") sind derart miteinander verflochten, daß sich eine
gemeinsame Behandlung geradezu aufdrängt. Allen diesen Be-
griffen ist die Vorstellung eigen, daß es in Deutschland Räume
gibt, deren Bewohner nach Abstammung, kulturellem Erbe und
geschichtlichem Erleben so zusammengewachsen sind, daß sie sich
als zusammengehörende Einheiten unseres Volkes von ähnlichen
benachbarten Gruppen abheben[18]. Aus der Entstehungsgeschichte
des Art. 29 GG geht im übrigen hervor, daß mit dem Ausdruck
„Landsmannschaft" ein weiterer Begriff für das gewählt
werden sollte, was in der Präambel der Weimarer Reichsverfassung mit „Stämme" bezeichnet worden war.

Die „kulturellen Zusammenhänge" bedeuten, daß die Bevölkerung nicht durch eine Grenzziehung von ihrem kulturellen
Mittelpunkt abgeschnitten werden darf.

Die häufig zu beobachtende Kongruenz der geschichtlich ge-
wachsenen Kulturräume mit den vorgegebenen natürlichen Räu-
men verleiht den ersten drei Richtbegriffen des Art. 29 GG im
Rahmen der Neugliederung eine besondere praktische Bedeutung.

Der Richtbegriff „wirtschaftliche Zweckmäßigkeit"
nimmt insofern eine Sonderstellung ein, als er die Beurteilung
deutlich in die zweckbestimmenden Zusammenhänge des Art. 29
Abs. 1 Satz 2 GG („Größe und Leistungsfähigkeit") lenkt.
„Wirtschaftliche Zweckmäßigkeit" kann als Richtbegriff für eine
Gliederung von Ländern und die Bestimmung ihrer Grenzen
nur bedeuten, die regionalen wirtschaftlichen Zusammenhänge
als Gestaltungskräfte zu berücksichtigen, so daß Organisation,
Produktion und Wachstum wirtschaftlich wesentlicher Unter-
nehmungen und Räume durch Ländergrenzen nicht gehemmt

---

[17] Vgl. v. Mangoldt-Klein, Das Bonner Grundgesetz, Kommentar,
2. Aufl., Berlin und Frankfurt 1959, Erl. III 4 c) zu Art. 29 GG.
[18] Luther-Gutachten S. 30.

werden. Der Zugang der Arbeitskräfte zu den Arbeitsstätten darf nicht durch Grenzen erschwert werden, vielmehr sollen sie ein Optimum an Bedarfsdeckung für den Verbraucher ermöglichen. Kurzum: Ländermäßige und wirtschaftliche Zuordnung der einzelnen Räume müssen einander angepaßt sein[19].

Ähnlich wie der Richtbegriff „wirtschaftliche Zweckmäßigkeit" zielt auch der des „sozialen Gefüges" auf die Richtbegriffe des Art. 29 Abs. 1 Satz 2 GG. Nach I p s e n [20] bedeutet „soziales Gefüge" den Zusammenhang der gesellschaftlichen Verhältnisse in der übergreifenden mannigfaltigen Einheit des politischen Lebens. Eine Anwendung dieses Begriffes im Rahmen der Neugliederung des Bundesgebietes stellt ab auf den Menschen in der Geschlossenheit seines gesellschaftlichen Lebens im räumlichen Bezirk[21]. Unter diesem Gesichtspunkt sind besonders die Zusammenfassung überwiegend industrieller und landwirtschaftlicher Gebiete, ferner die Berücksichtigung armer und reicher Bezirke zu beachten.

Die in Art. 29 Abs. 1 Satz 2 GG enthaltenen Richtbegriffe „Größe" und „Leistungsfähigkeit" sind — wie schon der Wortlaut des Gesetzes ergibt — eng miteinander verflochten. Unter „L e i s t u n g s f ä h i g k e i t" dürfte in erster Linie das wirtschaftliche und finanzielle Leistungsvermögen der Länder zu verstehen sein. Daneben ist aber auch die Verwaltungs- und politische Leistungsfähigkeit zu berücksichtigen, d. h. die Kraft eines Landes zu politischer Gestaltung und zu ordnungsgemäßer Erledigung seiner Verwaltungsaufgaben[22].

Zu dem Richtbegriff „G r ö ß e" finden sich in Art. 29 Abs. 1 GG keine näheren Hinweise. Aus dem Zusammenhang der Gesamtvorschrift dürfte aber zu entnehmen sein, daß die Bildung von Ländern angestrebt werden soll, die eine rentable Aufgabenerfüllung garantieren[23].

Auf die besonderen Probleme, die sich aus der V e r f a h r e n s - r e g e l u n g des Art. 29 Abs. 1 bis 6 GG ergeben, wird noch in anderem Zusammenhang einzugehen sein.

---

[19] Luther-Gutachten S. 32.
[20] zitiert nach Luther-Gutachten S. 34 Ziff. 3.
[21] Luther-Gutachten S. 34.
[22] Luther-Gutachten S. 43.
[23] Vgl. v. Mangoldt-Klein, a. a. O., Erl. III 6 b) zu Art. 29 GG.

IV.

Wenn ich mich nunmehr den regionalen Problemen der Neugliederung zuwende, so steht das des 1951/52 gegründeten Landes Baden-Württemberg an erster Stelle. Am 16. Januar war im Bundestag die 1. Lesung der Regierungsvorlage eines Gesetzentwurfs[24] sowie eines Initiativentwurfs aus der Mitte des Bundestages[25] vorgesehen, die beide die endgültige Bereinigung der sog. Baden-Frage zum Ziele haben. Die Entwürfe wurden vorläufig nochmal von der Tagesordnung abgesetzt. Auf die Gründe werde ich noch zu sprechen kommen.

A.

Ich glaube, daß ich die gesamten Vorgänge, die zu dem heutigen Baden-Problem geführt haben, Ihnen nicht in allen Einzelheiten zu schildern brauche. Es genügt wohl, wenn ich dies gewissermaßen in Stichworten tue und möglichst schnell auf die heutige Situation zu sprechen komme.

Das heutige Land Baden-Württemberg ist bekanntlich 1951/52 auf Grund der Sonderregelung des Art. 118 GG und eines Bundesgesetzes vom 4. Mai 1951[26] gebildet worden, und zwar in der Weise, daß die von den damaligen Besatzungsmächten 1946/47 errichteten Staatsgebilde Baden (besser Südbaden), Süd-Württemberg-Hohenzollern und Württemberg-Baden zu einem Land vereinigt wurden. Der Abstimmungsmodus, der in dem genannten Gesetz vorgeschrieben war, war von Anfang an umstritten. Er sah vor, daß der Südweststaat gebildet werden sollte, wenn sich sowohl im gesamten Abstimmungsgebiet, als auch in mindestens drei der vier Abstimmungsbezirke (nämlich Nordbaden, Südbaden, Nordwürttemberg, Südwürttemberg einschl. Hohenzollern) eine Mehrheit für die Vereinigung aussprechen würde. Das Bundesverfassungsgericht hat damals den Abstimmungsmodus in seinem ersten großen Urteil vom 23. Ok-

---

[24] Entwurf eines Ersten Gesetzes zur Neugliederung des Bundesgebietes gemäß Art. 29 Abs. 1 bis 6 des Grundgesetzes (Erstes Neugliederungsgesetz), BT-Drucks. IV/834.
[25] Antrag der Abgeordneten Dr. Kopf, Dr. h. c. Güde, Hilbert, Dr. Hauser, Dr. Bieringer und Genossen, BT-Drucks. IV/846.
[26] BGBl. I S. 283, 284.

tober 1951²⁷ als verfassungsmäßig bezeichnet. Die Abstimmung erbrachte sowohl im gesamten Abstimmungsgebiet als auch in den Abstimmungsbezirken Nordbaden, Nordwürttemberg und Südwürttemberg-Hohenzollern Mehrheiten für den neuen Staat. Lediglich in Südbaden sprachen sich 62,2 % für die Wiederherstellung des alten Landes Baden und nur 37,8 % für den Südweststaat aus. Wenn seinerzeit — entgegen dem vom Bundesverfassungsgericht gebilligten Abstimmungsmodus — die Stimmen im gesamten Baden durchgezählt worden wären, hätte dies eine leichte Mehrheit (52,16 %) für die Wiederherstellung Badens ergeben.

Dieserhalb haben die Anhänger einer solchen Wiederherstellung seit 1951 und bis heute noch nicht den Kampf aufgegeben. An dieser Stelle muß ich einiges über die Verfahrensregelung des Art. 29 GG zwischenschalten:

Art. 29 GG enthält zwei Fristbestimmungen: Nach Abs. 2 Satz 1 „kann binnen eines Jahres nach Inkrafttreten des Grundgesetzes" in Gebietsteilen, die bei der Neubildung der Länder nach dem 8. Mai 1945 ohne Volksabstimmung ihre Landeszugehörigkeit geändert hatten, durch Volksbegehren eine bestimmte Änderung der über die Landeszugehörigkeit getroffenen Entscheidung gefordert werden. Nach Abs. 6 Satz 2 „soll" die Neugliederung „vor Ablauf von drei Jahren nach Verkündung des Grundgesetzes ... geregelt sein". Entgegen dem Wortlaut des GG begannen diese beiden Fristen bekanntlich zunächst nicht zu laufen, da die Alliierten Militärgouverneure in Ziffer 5 des Genehmigungsschreibens vom 12. Mai 1949 einen Vorbehalt ausgesprochen hatten, der erst mit der Aufhebung des Besatzungsstatuts am 5. Mai 1955 entfiel. Die Bundesregierung brachte alsbald nach Freigabe des Art. 29 den Entwurf eines Gesetzes über Volksbegehren und Volksentscheid bei Neugliederung des Bundesgebietes nach Art. 29 Abs. 2 bis 6 des Grundgesetzes ein. Anläßlich der Beratung dieses Gesetzentwurfs im ersten Durchgang nahm der Bundesrat in seiner Sitzung vom 24. Juni 1955 mit allen gegen die Stimmen Bayerns und Hessens bei Stimmenthaltung Baden-Württembergs eine Entschließung an, in der er der Auffassung Ausdruck gab, daß die Neugliederung des Bundes-

---

²⁷ BVerfGE 1, 14 ff.

gebietes endgültig erst nach der Wiedervereinigung
erfolgen könne. Er wies darauf hin, daß es angesichts der politischen Lage notwendig werden könne, im weiteren Gesetzge-
bungsverfahren zu prüfen, ob und inwieweit die Neugliederung
nach Art. 29 GG im Hinblick auf die Wiedervereinigung zurück-
gestellt werden sollte. Das Gesetz über Volksbegehren und
Volksentscheid wurde jedoch vom Bundestag verabschiedet und
unter dem 23. Dezember 1955 verkündet[28]. Auf Grund dieses
Gesetzes und seiner Durchführungsverordnung wurden insgesamt
15 Anträge auf Durchführung von Volksbegehren gestellt. Der
Bundesminister des Innern hat auf Grund des Gesetzes acht
Anträge zugelassen (Oldenburg, Schaumburg-Lippe, Koblenz/
Trier — zwei Anträge mit dem gleichen Ziel — Montabaur,
Rheinhessen, Pfalz — zwei Anträge mit verschiedenem Ziel —).
Die übrigen sieben Anträge lehnte der Bundesminister des Innern
ab, weil die Voraussetzungen nicht gegeben waren. Darunter
war auch ein Antrag des Heimatbundes Badenerland auf Durchführung eines Volksbegehrens in dem Gebiet des früheren Landes
Baden mit dem Ziel der Wiederherstellung dieses früheren Landes. In der Begründung seines Bescheides vom 24. Januar 1956
stellte sich der Bundesminister des Innern auf den Standpunkt,
daß die nach Art. 118 GG durchgeführte Neugliederung im Südwestraum die Anwendung des Art. 29 Abs. 2 GG auf dieses
Gebiet ausschließe. Der Heimatbund Badenerland machte von
der in dem Gesetz über Volksbegehren und Volksentscheid er-
öffneten Möglichkeit der Beschwerde zum Bundesverfassungsgericht Gebrauch. Dieses Gericht hob mit Urteil vom 30. Mai
1956[29] den Bescheid des Bundesministers des Innern vom 24. Januar 1956 auf und ordnete die Durchführung des vom Heimatbund Badenerland beantragten Volksbegehrens an. Es stellte sich
in der Urteilsbegründung auf den Standpunkt, Art. 118 GG
habe nicht den Sinn gehabt, daß damit die spätere Anwendung
der Verfahrensregelung des Art. 29 GG ausgeschlossen wäre,
sondern nur die Bedeutung, daß bei der Durchführung der Neugliederung nach Art. 118 GG von jenen Verfahrensregeln abgesehen werden konnte. Wörtlich meinte das Bundesverfassungsgericht:

---

[28] BGBl. I S. 835.
[29] BVerfGE 5, 34 ff.

„Der Wille der badischen Bevölkerung ist durch die Besonderheit der politisch-geschichtlichen Entwicklung überspielt worden. Daran ändert auch nichts die Tatsache, daß die Bildung des Südwest-Staates in „demokratisch-verfassungsmäßiger Form", nämlich im Verfahren nach Art. 118 GG zustande kam."

Das hiernach angeordnete Volksbegehren mit dem Ziel, das alte Land Baden wieder herzustellen, ist in der Zeit vom 3. bis 16. September 1956 im badischen Gebiet (d. h. im Gebiet des früheren Freistaates Baden) durchgeführt worden. Von der damals wahlberechtigten Bevölkerung haben sich 15,1 % in die Listen eingetragen. Das Volksbegehren galt daher nach Art. 29 Abs. 2 Satz 2 GG als erfolgreich.

Der Vollständigkeit halber will ich noch kurz die Ergebnisse der übrigen Volksbegehren erwähnen, zumal ich später bei der Behandlung der anderen regionalen Probleme noch einmal auf diese Volksbegehren zurückkommen muß: Für die Wiederherstellung des früheren Landes Oldenburg sprachen sich 12,9 v. H., für die Wiederherstellung des früheren Landes Schaumburg-Lippe 15,3 v. H., für die Angliederung der Regierungsbezirke Koblenz und Trier des Landes Rheinland-Pfalz an das Land Nordrhein-Westfalen 14,2 v. H., für die Angliederung des Regierungsbezirks Montabaur des Landes Rheinland-Pfalz an das Land Hessen 25,3 v. H. und für die Angliederung des Regierungsbezirks Rheinhessen des Landes Rheinland-Pfalz an das Land Hessen 20,2 v. H. der jeweils stimmberechtigten Bevölkerung aus. Diese Volksbegehren waren erfolgreich, weil die in Art. 29 Abs. 2 Satz 2 GG geforderte Zustimmung eines Zehntels der stimmberechtigten Bevölkerung erreicht war. Dagegen erreichten die beiden im Regierungsbezirk Pfalz des Landes Rheinland-Pfalz durchgeführten Volksbegehren mit dem Ziele der Angliederung an das Land Bayern (7,6 v. H.) bzw. an das Land Baden-Württemberg (9,3 v. H.) nicht die erforderliche Beteiligung.

B.

Bis zu dem oben genannten Urteil des Bundesverfassungsgerichts vom 30. Mai 1956 war es überwiegende Meinung, daß die Neugliederung durch ein einheitliches Bundesgesetz, also uno actu, durchgeführt werden und daß ihr eine Gesamtkonzeption für den gesamten Geltungsbereich des

Grundgesetzes zugrunde liegen müsse. In dem Urteil hat das Bundesverfassungsgericht die l e t z t e r e Annahme zwar bestätigt. Es hat ausgeführt, die Erfüllung des verfassungsrechtlichen Auftrages zur Neugliederung, der auf eine „organisch wohlausgeglichene gebietliche Neuordnung des ganzen Bundesgebietes" abziele, setze eine Gesamtkonzeption voraus; es liege in der Natur der Sache, daß wegen der engen Verflechtung der zu berücksichtigenden vielfältigen Gesichtspunkte die Ordnung in irgendeinem Teil des Gesamtraumes von der Ordnung in den übrigen Teilen abhängig sei und ihrerseits auf die Ordnung dieser übrigen Teile einwirke. Im übrigen hat das Bundesverfassungsgericht aber ausgesprochen, daß die Neugliederung nicht uno actu, „also durch e i n Gesetz im technischen Sinne" verwirklicht werden müsse; soweit diese uno-actu-Lösung „aus einem zwingenden Grunde" nicht erfolgen könne, sei die Aufgabe in Teilregelungen („Phasen") und technisch in einer Mehrzahl von Gesetzen zu bewältigen.

Mit dem vorhin schon kurz erwähnten, Anfang Dezember 1962 beim Bundestag eingebrachten Entwurf eines Ersten Neugliederungsgesetzes empfiehlt die Bundesregierung dem Gesetzgeber, der Neugliederung in der Weise Fortgang zu geben, daß zunächst als erste „Phase" im Gebietsteil Baden ein Volksentscheid nach Art. 29 Abs. 3 GG stattfindet.

In der Begründung zu dem eingebrachten Gesetzentwurf macht sich die Bundesregierung die eben skizzierte Auffassung des Bundesverfassungsgerichts zu eigen. Sie erkennt in Übereinstimmung mit dem ebenfalls schon genannten, sog. Hessen-Urteil des Bundesverfassungsgerichts vom 11. Juli 1961 (BVerfGE 13, 54 ff., 97) an, daß der Verfassungsauftrag zur Neugliederung für den Gesetzgeber bindend sei. Wegen der gesamtpolitischen Lage, die insbesondere seit 1958 durch die latente Berlin-Krise gekennzeichnet ist, hält es die Bundesregierung jedoch nicht für ratsam, das gesamte Bundesgebiet jetzt einer Neugliederung zu unterziehen. Sie befürchtet schwerwiegende Nachteile für die politische Stabilität und die Aktionsfähigkeit der Bundesrepublik, wenn im gegenwärtigen Zeitpunkt die langwierigen Verhandlungen über die innere Gebietseinteilung des gesamten Bundesgebietes eingeleitet würden; nach den oben erwähnten erfolgreichen Volksbegehren müßten Volksentscheide nicht nur im Südwesten und Westen, sondern auch im Nordwesten des Bundesgebietes und je nach deren Ausgang vielleicht im gesamten Bundesgebiet durchgeführt werden. Hinzu kommt, daß nach Überzeugung der Bundesregierung zur Zeit im mittelwestdeutschen Raum, wozu die Gebiete der Länder Hessen, Rheinland-Pfalz und Saarland zu rechnen sind, noch keine tragfähige Gesamtkonzeption im Sinne der Entscheidung des Bundesverfassungsgerichts vom 30. Mai 1956 entwickelt werden kann, vor allem weil das Saarland erst am 6. Juli 1959 wirtschaftlich in den Geltungsbereich des GG eingegliedert worden ist. Es kann nach Meinung der Bundesregierung heute noch nicht übersehen werden, wie dieses Gebiet in die Überlegungen über eine Neugliederung des mittelrheinischen Raumes und damit in eine Gesamtkonzeption einbezogen werden soll. Dabei sei auch zu bedenken, daß im Saarland kein Volksbegehren mit dem Ziel einer Veränderung des jetzigen Zustandes eingebracht worden ist und daß keines der beiden in der benachbarten Pfalz eingebrachten Volksbegehren im Jahre 1956 die erforderliche Beteiligung von 10 v. H. erreicht hat.

All dies zusammengenommen stellt nach Auffassung der Bundesregierung einen zwingenden Grund im Sinne der Entscheidung des Bundesverfassungsgerichts vom 30. Mai 1956 dar, der es ermöglicht, die Neugliederung des Bundesgebietes in einer Mehrzahl von Gesetzen, also in Phasen, zu bewältigen. Als erste dieser Phasen schlägt der Gesetzentwurf eine Entscheidung über das Schicksal des Landes Baden-Württemberg vor, das zwar 1951 nach Art. 118 GG neu geschaffen worden war, seit dem Urteil des Bundesverfassungsgerichts vom 30. Mai 1956 und dem Volksbegehren vom Herbst 1956 aber wieder zur Disposition des Bundesgesetzgebers im Rahmen der Neugliederung nach Art. 29 GG steht. Es erscheint daher nach Auffassung der Bundesregierung notwendig, der badischen Bevölkerung bald die Gelegenheit zu geben, unter Einhaltung der Bestimmungen des Art. 29 GG nochmals über das Schicksal der badischen Gebietsteile abzustimmen.

Zu den Einzelheiten des Gesetzentwurfs kurz folgendes:

Grundgedanken und Systematik des Art. 29 GG verlangen, daß der Gesetzgeber selbst eine sachliche Entscheidung über die Neugliederung des betroffenen Gebietsteiles trifft, über die dann die Bevölkerung dieses Gebietsteiles durch Volksentscheid mit Ja oder Nein abstimmen kann. Es ist also mit der Verfassung nicht vereinbar, daß die Bevölkerung eines Gebietsteiles mit konstitutiver Wirkung, etwa im Wege einer Alternativabstimmung, über das Schicksal des Gebietsteiles befindet.

Das Bundesverfassungsgericht hat in dem Hessen-Urteil vom 11. Juli 1961[30] ein „Selbstbestimmungsrecht" für die Bewohner der Gebiete, die nach dem 8. Mai 1945 ihre Landeszugehörigkeit ohne Volksabstimmung geändert haben, ausdrücklich verneint; es hat ausgeführt, Art. 29 lasse klar erkennen, „daß die Verfügung über das Landesgebiet und damit die Bestimmung über die Landeszugehörigkeit der Bewohner nach dem deutschen Bundesstaatsrecht ausschließlich in der Hand des Bundesgesetzgebers liege".[31]

Diese Verfassungsrechtslage war die Hauptursache dafür, daß Versuche zur Lösung der Badenfrage gescheitert sind, die während der zweiten und dritten Legislaturperiode des Deutschen Bundestages eingeleitet worden waren; die Initiativgesetzentwürfe aus der Mitte des Bundestages (BT-Drucks. 3316/2. Wahlperiode und BT-Drucks. 375/3. Wahlperiode) hatten vorgesehen, daß in Baden ein Volksentscheid darüber stattfinden sollte, ob der Gebietsteil Baden aus Baden-Württemberg ausgegliedert und als selbständiges Bundesland wiederhergestellt werden solle; es fehlte hier die eigene Entscheidung des Gesetzgebers selbst.

Nach der geschilderten Verfassungsrechtslage muß der Gesetzgeber diese Entscheidung selbst treffen. Nach Sachlage kann die Entscheidung im Falle Baden-Württembergs entweder so vorgeschlagen werden, daß der Gesetzgeber das Verbleiben der badischen Gebietsteile im Lande Baden-Württemberg bestimmt, oder aber, daß er die Wiederherstellung der früheren Länder vorschreibt. Die Bundesregierung hat in ihrem Gesetzentwurf[32] dem Gesetzgeber den ersteren Weg vorgeschlagen: Der § 1 lautet: „Die badischen Gebietsteile verbleiben im Lande Baden-Württemberg." Darüber soll binnen sechs Monaten nach Inkrafttreten des Gesetzes in den badischen Gebietsteilen ein Volksentscheid stattfinden.

---

[30] BVerfGE 13, 54 ff. (93).
[31] BVerfGE 13,94.
[32] Vgl. Anm. 24.

Für die Beibehaltung des Landes Baden-Württemberg sprechen nach Auffassung der Regierungsvorlage folgende Gründe:
Zwischen den erst zu Beginn des 19. Jahrhunderts zu den Ländern Baden und Württemberg zusammengefaßten Landesteilen
besteht eine geschichtliche und kulturelle Verbundenheit. Vor-
handene Unterschiede im Volkscharakter diesseits und jenseits
des Schwarzwaldes greifen nicht so tief, daß man den Schwarz-
wald als Trennungslinie zwischen verschiedenen Volkstümern
bezeichnen könnte. Auf der Grundlage gemeinsamer Abstammung und Geschichte erhob sich im Laufe der Jahrhunderte eine
kraftvolle gemeinsame Kultur, die nicht nur in großen künstle-
rischen Leistungen, sondern auch in der Verwandtschaft der politischen Gesinnungen und Bestrebungen ihren Ausdruck fand.
Auch volkswirtschaftliche Überlegungen ließen den Zusammenschluß als zweckmäßig erscheinen. Die ehemaligen Länder Baden
und Württemberg ergänzten sich von jeher in ihrer vielgestalti-
gen Wirtschafts- und Sozialstruktur. Dieser einheitlichen Wirtschaft wurde mit der Bildung des Landes Baden-Württemberg,
das inzwischen nach Fläche und Bevölkerungszahl als dritt-
größtes Bundesland in der industriellen Produktion an zweiter,
in der Industriedichte an erster Stelle steht, die Möglichkeit einer
großräumigen und organischen Fortentwicklung gegeben. In dem
Luther-Gutachten wird Baden-Württemberg als ein Muster wirt-
schaftlicher Zweckmäßigkeit bezeichnet. In Verbindung mit wirt-
schaftlicher und landwirtschaftlicher Homogenität besteht auch
eine weitgehende Übereinstimmung der sozialen Struktur. In den
zehn Jahren des Bestehens des Landes Baden-Württemberg
wurde das politische Leben auf der Grundlage einer gemeinsamen
Politik geordnet. Weder bei der Ausarbeitung der Landesverfas-
sung noch bei späteren Gesetzgebungsarbeiten hat es Auseinandersetzungen zwischen Badenern auf der einen und Württem-
bergern auf der anderen Seite gegeben.

Zwar könnten auch Gesichtspunkte für die Wiederherstellung
des früheren Landes Baden geltend gemacht werden. Die Leistungsfähigkeit eines solchen Landes würde aber erheblich hinter
der des heutigen Landes Baden-Württemberg zurückstehen; die
geographische Gestaltung eines Landes Baden mit einer Längen-
streckung von 400 km bei nur 18 km Breite an der schmalsten

Stelle spricht, wie der Lutherausschuß hervorhebt, ebenfalls gegen die Wiedererrichtung dieses Landes.

Außer dem eben geschilderten Gesetzentwurf der Bundesregierung gibt es, wie vorhin schon kurz erwähnt, neuerdings noch einen Initiativentwurf aus der Mitte des Bundestages[33]. Er trägt die Unterschrift von 38 Abgeordneten und will — umgekehrt wie die Regierungsvorlage — die Entscheidung des Gesetzgebers dahin getroffen wissen, daß das frühere Land Baden wiederhergestellt und der Rest von Baden-Württemberg, also die früher württembergischen und hohenzollernschen Teile, als weiteres Bundesland verbleiben.

C.

In den politischen Auseinandersetzungen um die Badenfrage ist in den letzten Jahren, veranlaßt durch die vorhin erwähnte Bemerkung des Bundesverfassungsgerichts über die Überspielung des Willens der badischen Bevölkerung, häufig davon gesprochen worden, daß das Badenproblem in f a i r e r Weise gelöst werden müßte. Legt man diese Forderung, der wohl kaum jemand widersprechen wird, zugrunde, so wird man folgendes sagen können:

Der Weg, den die Regierungsvorlage vorschlägt, wird, wenn der Gesetzgeber ihn beschreitet, der badischen Bevölkerung das verfassungsmäßige Recht geben, Ja zu der gesetzgeberischen Entscheidung, d. h. dem Verbleiben Badens bei Baden-Württemberg, zu sagen oder diese Entscheidung durch Nein abzulehnen. Die etwaige Annahme, durch eine solche Entscheidung des Gesetzgebers würden die Anhänger der Wiederherstellung Badens benachteiligt, etwa weil das Neinsagen schwerer fallen würde als das Jasagen, kann man nicht als berechtigt anerkennen. Wäre diese Annahme richtig, dann würden bei einer umgekehrten Entscheidung des Gesetzgebers, d. h. einer Bestimmung über die Wiederherstellung der alten Länder, so wie es der eben erwähnte Initiativentwurf aus der Mitte des Bundestags vorschlägt, die Anhänger des Fortbestandes von Baden-Württemberg benachteiligt; denn sie müßten dann Nein statt Ja sagen. Aber abgesehen davon kann nicht davon die Rede sein, daß die Fairneß

---

[33] Vgl. Anm. 25.

eines Verfahrens davon abhängt, ob der zur Abstimmung auf-
gerufene Staatsbürger mit Ja oder mit Nein stimmen muß, wenn
er seiner Einstellung und Überzeugung zum Siege verhelfen will.

D.

Ich erwähnte vorhin, daß die beiden Gesetzentwürfe, die sich
— jeder auf seine Weise — die Bereinigung der Badenfrage zum
Ziele gesetzt haben, von der Tagesordnung des Bundestages abgesetzt worden seien. Die Gründe hierfür sind darin zu suchen,
daß in Kreisen einer der drei Bundestagsfraktionen eine gewisse
Neigung dafür besteht, nach Wegen zu suchen, die von Art. 29
GG gebotene Ja-Nein-Abstimmung zu vermeiden. Stattdessen
soll der Bevölkerung Badens — ähnlich wie 1951, als es zur Bildung des Landes Baden-Württemberg kam — eine Alternativ-
frage mit konstitutiver Wirkung zugestanden werden. Dies soll
— da anders nicht möglich — durch eine Änderung des GG erfolgen. Die Frage, ob sich für eine erneute Baden-Sonderlösung,
etwa einen neuen Art. 118 GG an Stelle des konsumierten alten
Artikels, eine Zweidrittelmehrheit in Bundestag und Bundesrat
fände, ist völlig offen. Als persönliche Meinung möchte ich sagen:
Eine neue Sonderbestimmung für Baden in die Verfassung auf-
zunehmen, wäre eine recht problematische Sache. Nachdem durch
das schon mehrfach erwähnte Urteil des Bundesverfassungsgerichts vom 30. Mai 1956 das Land Baden-Württemberg wieder
dem Art. 29 GG unterworfen wurde, sollte man die Lösung der
Baden-Frage auch in dessen Rahmen belassen, zumal sie, wie
gesagt, durchaus fair zu Ende gebracht werden kann. Noch pro-
blematischer wäre es, — an Stelle der eben angedeuteten Sonder-
lösung für Baden — den Art. 29 GG selbst dergestalt zu än-
dern, daß die Bevölkerung auch der anderen Gebietsteile, in
denen Volksbegehren erfolgreich waren (also Schaumburg-Lippe,
Oldenburg, Koblenz-Trier, Montabaur und Rheinhessen), im
Wege von Alternativabstimmungen mit konstitutiver Wirkung
über die Neugliederung des Bundesgebietes befinden könnten.
Ich möchte meinen, daß der Gesetzgeber des Gesamtstaates, so
wie es jetzt der Art. 29 GG vorschreibt, das letzte Wort in der
Frage der räumlichen Gestaltung des Bundesgebietes behalten
sollte.

V.

Im Zusammenhang mit dem Vorschlag der Bundesregierung zu einer Lösung dieses Problems stellt sich die Frage nach der bereits erörterten, von der Rechtslehre und dem Bundesverfassungsgericht geforderten Gesamtkonzeption. Wie eine solche Gesamtkonzeption bei einer Phasenregelung aussehen könnte oder müßte, hat das Bundesverfassungsgericht leider nicht angedeutet. In einem Rechtsgutachten, das der Bundesminister des Innern im Jahre 1959 bei den Professoren Herbert Krüger, Hamburg, Karl H. Neumeyer, Lausanne, und Hans Schneider, Heidelberg, in Auftrag gegeben hat,[34] wird die Auffassung vertreten, daß es bei einer Phasenregelung genüge, wenn als Gesamtkonzeption ein Plan vorliege, der die beabsichtigte Neugliederung des Bundesgebietes wenigstens in den Umrissen oder Grundzügen erkennen lasse.

In der Begründung zu ihrem Gesetzentwurf hat sich die Bundesregierung zu der Gesamtkonzeption geäußert. Sie geht aus von dem Wortlaut des Art. 29 Abs. 1 GG. Als Grundregel für die Anwendung dieser Verfassungsnorm sollte gelten, daß eine Reihe von großräumigen Ländern bestehen bleibt. Solche Länder haben erfahrungsgemäß auch im Bund ein größeres Gewicht; deshalb sollten nach Meinung der Bundesregierung die zur Zeit bestehenden größeren Länder (Bayern, Nordrhein-Westfalen, Niedersachsen, Baden-Württemberg) in ihrem Bestand nicht angetastet werden, abgesehen etwa von kleineren Korrekturen, die sich bei der Weiterverfolgung der erfolgreichen Volksbegehren oder aus anderen Gründen als zweckmäßig erweisen könnten. Das schließt jedoch nicht aus, daß auch räumlich kleinere Länder, wenn und soweit sie den Richtbegriffen des Art. 29 Abs. 1 GG entsprechen, wie insbesondere die Hansestädte, erhalten bleiben sollten.

Ausgehend von dieser Auslegung des Art. 29 Abs. 1 GG muß, wenn als erste Phase der Neugliederung im Südwestraum eine Regelung erfolgt, deren Beständigkeit gesichert sein. Deshalb sollte, wenn über die vorgeschlagene Lösung entschieden ist, die

---

[34] Das Rechtsgutachten „Baden-Württemberg oder Baden und Württemberg?" ist als Bd. 4 der „Hamburger öffentlich-rechtlichen Nebenstunden", Hamburg 1960, veröffentlicht.

Zusammengehörigkeit der früher badischen, württembergischen und hohenzollernschen Gebietsteile nicht mehr geändert werden, unbeschadet von etwaigen Veränderungen, die im weiteren Fortgang der allgemeinen Neugliederung oder auch der sonstigen Änderung des Gebietsbestandes der Länder nach Art. 29 Abs. 7 GG in Randgebieten sich ergeben könnten. Wenn auch die Gesamtkonzeption für die Neugliederung der Nachbarländer Hessen und Rheinland-Pfalz jetzt noch nicht festgelegt werden kann, so ist doch die Entscheidung für den Fortbestand von Baden-Württemberg unabhängig davon möglich; denn die etwaige Verbindung linksrheinischer Gebietsteile mit Baden-Württemberg oder umgekehrt die Verbindung baden-württembergischer Gebietsteile mit einem anderen Bundesland bleibt offen.

Zur Erläuterung der im Rahmen der vorstehend skizzierten Gesamtkonzeption bestehenden R e g i o n a l p r o b l e m e möchte ich folgendes sagen:

I. Was zunächst den n o r d w e s t d e u t s c h e n R a u m betrifft, so ist bereits während der Weimarer Zeit erwogen worden, in diesem Gebiet mehrere Länder zu einem sog. Nordwest-Staat zusammenzuschließen. Theoretisch könnten sich hierfür mehrere Möglichkeiten anbieten. Denkbar wäre ein Zusammenschluß der Länder Bremen, Hamburg, Niedersachsen und Schleswig-Holstein. In Betracht käme ferner der Zusammenschluß der Länder Hamburg und Schleswig-Holstein. Schließlich erscheint neben einer Zusammenfassung der Länder Schleswig-Holstein und Niedersachsen auch die Bildung eines sog. „Elbufer-Staates", bestehend aus Hamburg, Schleswig-Holstein und den sog. Niederelbekreisen Niedersachsen möglich. Die Richtbegriffe des Art. 29 Abs. 1 Satz 1 GG sprechen indessen für die Aufrechterhaltung der z. Z. bestehenden Länder. Das „Luther-Gutachten" hat sich ebenfalls gegen eine Zusammenfassung von Ländern mit spezifisch verschiedener Aufgabenstellung ausgesprochen.[35] In der Tat ist nicht zu bestreiten, daß die Hansestädte vorwiegend m a r i t i m eingestellt sind, während nicht nur Niedersachsen h a u p t s ä c h l i c h, sondern auch Schleswig-Holstein ü b e r w i e g e n d binnenwärts gerichtete

---

[35] Luther-Gutachten S. 106 ff.

Interessen haben. Zudem ist sowohl die Existenz Niedersachsens wie auch des Landes Schleswig-Holstein in ihren
heutigen Grenzen positiv zu bewerten. Die wirtschaftliche
Lage Schleswig-Holsteins war zwar nach dem Kriege auf
Grund der Zerstörung des Industrie-Potentials und der
übermäßig hohen Zahl von Flüchtlingen äußerst bedrängt.
Inzwischen ist jedoch eine weitgehende Normalisierung der
Verhältnisse eingetreten, so daß die strukturelle Leistungsfähigkeit des Landes, auch unter Einbeziehung der Verkehrs-
lage, zumindest als ausreichend angesprochen werden kann.

Zu prüfen wäre später, inwieweit nach Wiederherstellung der deutschen Einheit eine Verbindung Schleswig-Holsteins mit Gebieten der jetzigen sowjetisch besetzten Zone in
Betracht kommt.

Was schließlich die beiden Stadt-Staaten Hamburg
und Bremen angeht, so entsprechen beide — trotz ihres
geringen territorialen Umfangs — den Richtbegriffen des
Art. 29 Abs. 1 GG. Das gilt insbesondere für die Verwal-
tungs-, Wirtschafts- und Finanzkraft sowie das soziale Gefüge beider Stadtstaaten. Eine Verbindung Hamburgs und
Bremens mit Nachbarländern würde im Hinblick auf die
besondere Stellung der Hansestädte als Welthäfen nicht
zweckmäßig sein.

Daß eine Wiederherstellung der früheren Länder
Schaumburg-Lippe und Oldenburg unter den heutigen Verhältnissen nicht mehr in Betracht kommen kann, bedarf
keiner näheren Begründung. Da in diesen beiden Gebietsteilen Niedersachsens, wie vorhin erwähnt, im Jahre 1956
erfolgreiche Volksbegehren stattgefunden haben, muß der
Bundesgesetzgeber in sein Gesetz über die Neugliederung
Bestimmungen über das Verbleiben dieser Gebietsteile bei
Niedersachsen aufnehmen. Darüber muß dann je ein Volksentscheid stattfinden.

II. Die schwierigsten regionalen Neugliederungsprobleme bestehen zweifellos in Mittelwestdeutschland, wozu
die Länder Hessen, Saarland und Rheinland-Pfalz, der
nordbadische Teil des Landes Baden-Württemberg sowie
der Aschaffenburger Raum zu zählen sind.

In der modernen arbeitsteiligen Industriegesellschaft
gehen die stärksten raumbildenden Kräfte von der gewerb-
lichen Wirtschaft aus. Dementsprechend haben sich sowohl
in Nord- als auch in Süddeutschland Länder um sog. w i r t -
s c h a f t l i c h e   K e r n r ä u m e gebildet. Mittelwestdeutschland besitzt zwar auch derartige wirtschaftliche Kerngebiete,
„diese haben es aber im Verlauf der jüngsten deutschen Geschichte nicht vermocht, durch organischen Aufbau in einem
für den heutigen Bundesstaat genügenden Maße länder-
bildend zu wirken . . . Hier liegt also, und zwar in einem
Großraum, jene Diskrepanz zwischen Lebenszusammen-
hängen und staatlicher Gliederung vor, die — wenn man
die Richtbegriffe des Art. 29 Abs. 1 GG in tunlichster Vollständigkeit anwenden will — nur im Wege einer umfassenden Neugliederung dieses Raumes ausgeglichen werden
kann."[36]

Insgesamt gesehen, handelt es sich dabei um drei Fragen-
komplexe:

1. Der wirtschaftliche Kernraum an der Mainmündung
   (Frankfurt/Mainz/Wiesbaden) wird von der Landesgrenze zwischen Hessen und Rheinland-Pfalz durch-
   schnitten.

2. In ähnlicher Weise verläuft die Grenze zwischen Baden-
   Württemberg und Rheinland-Pfalz mitten durch den
   Wirtschaftsraum an Rhein und Neckar (Mannheim/Lud-
   wigshafen).

3. Der in Wirklichkeit beide Ufer verbindende Rheinstrom
   bildet z. Z. von der Lauter, also der elsässisch-pfälzischen
   Grenze, bis Lorch eine innerdeutsche Ländergrenze von
   fast 200 km Länge.

Das „Luther-Gutachten" kennt nicht weniger als sieben
Varianten für eine Neugliederung im mittelwestdeutschen
Raum,[37] wobei es das Saarland bei der damaligen ungewis-
sen Entwicklung der Saarfrage noch nicht in die Betrachtung einbezogen hat. Da es im Rahmen dieses Vortrages
nicht möglich ist, sämtliche Regionalprobleme der Neugliederung des Bundesgebietes erschöpfend zu behandeln,

---

[36] Luther-Gutachten S. 53, 54.
[37] Luther-Gutachten S. 114 ff.

möchte ich diese sieben Varianten des „Luther-Gutachtens"
nicht im Einzelnen aufzählen und analysieren. Einige waren
von vornherein kaum mit den Richtbegriffen des Art. 29
Abs. 1 GG in Einklang zu bringen, wie etwa die Variante II,
wonach die Pfalz zu Bayern, die Regierungsbezirke Koblenz
und Trier zu Nordrhein-Westfalen und der Rest von Rheinland-Pfalz zu Hessen geschlagen werden könnten. Die Ver-
einbarkeit einer solchen Lösung mit Art. 29 Abs. 1 GG wird
man schwerlich behaupten können. Es entstünde auf diese
Weise eine Exklave Bayerns mit einer Bevölkerung von
einer Million Einwohnern. Man könnte allenfalls die „ge-
schichtlichen Zusammenhänge" bemühen, da die Pfalz von
1816 bis 1945 staatsrechtlich zu Bayern gehörte, dies allerdings aus rein dynastischen Erwägungen und weil man
Bayern einen Ersatz für das Innviertel und Salzburg, die
zu Österreich kamen, bieten wollte. Was den Richtbegriff
der „landsmannschaftlichen Verbundenheit" betrifft, so
kann ich es mir als Pfälzer nicht versagen, den insoweit vielleicht unverdächtigen Heinrich Treitschke zu zitieren, der
in bezug auf die Gebietsveränderungen von 1816 und die
damalige Stimmung in Bayern sagte: „Diese beiden Land-
schaften — nämlich das Innviertel und Salzburg — sollte
man dahingeben für die entlegene überrheinische Pfalz,
deren bewegliches, leichtlebiges Volk dem schweren alt-
bayerischen Wesen von altersher widerwärtig war."[38] Nun
zur Ehre sowohl meiner beweglichen und leichtlebigen Pfälzer Landsleute als auch der schwereren Bayern sei gesagt,
daß man sich im Laufe der 130 Jahre der Zusammengehörigkeit doch einigermaßen gut verstand. Eine Rückkehr der
Pfalz zu Bayern wäre aber eine nicht mehr sinngemäße Neu-
gliederungsmaßnahme. Auch die Zuweisung der Regierungsbezirke Koblenz und Trier an Nordrhein-Westfalen wäre
nicht bedenkenfrei, da dieses Land mit seinen 15 Millionen
Einwohnern, verglichen mit den übrigen Ländern, ohnehin
schon übergroß ist.

Seit der Rückkehr des Saarlandes in den Geltungsbereich
des GG sind die sieben Varianten des Luther-Gutachtens im

---

[38] Heinrich von Treitschke, Deutsche Geschichte im 19. Jahrhundert,
neu herausgegeben 1937, S. 306 f.

übrigen auch dieserhalb überholt. Diese Rückkehr hat das Neugliederungsproblem in Mittelwestdeutschland eher noch komplizierter gemacht, als es vordem schon war. Die Bundesregierung hat in der Begründung zu dem vorhin erörterten Baden-Gesetzentwurf gesagt, eine tragfähige Gesamtkonzeption für den Raum Mittelwestdeutschland ließe sich zur Zeit noch nicht entwickeln. Ich persönlich möchte hier einige Varianten nur nennen, ohne mich für die eine oder andere zu entscheiden. Denkbar wäre

1. der Zusammenschluß von Hessen, Rheinland-Pfalz und Saarland zu einem einzigen Land,
2. der Zusammenschluß von Rheinland-Pfalz und Saarland zu einem Land,
3. der Zusammenschluß der Pfalz, des Saarlandes und des Regierungsbezirkes Trier zu einem Land, wobei Rheinhessen und Montabaur zu Hessen und Koblenz zu Nordrhein-Westfalen geschlagen werden müßten.

Keine dieser drei Varianten würde allerdings das Problem des Ballungsraumes an der Rhein-Neckarecke lösen.

III. Die Neugliederungsprobleme in Süddeutschland lassen sich im Vergleich zu der komplizierten Situation in Mittelwestdeutschland wesentlich leichter überschauen.

Niemand wird bestreiten, daß Bayern — gemessen an den Richtbegriffen des Art. 29 Abs. 1 GG — nach Größe und Leistungsfähigkeit in der Lage ist, die ihm obliegenden Aufgaben wirksam zu erfüllen. Trotzdem bestehen auch in Süddeutschland einige regionale Neugliederungsprobleme. Es handelt sich insbesondere um die Räume Ulm/Neu-Ulm und Aschaffenburg, das auf der Grenze zu Mittelwestdeutschland liegt:

a) Der auf dem rechten Donauufer liegende, zu Beginn des 19. Jahrhunderts noch unbesiedelte Teil Ulms fiel durch die Grenzziehung im Jahre 1810 an Bayern, während die Stadt Ulm selbst württembergisch wurde. In der Folge hat diese Ländergrenze das natürliche Wachstum der Stadt erheblich gestört und namentlich auf wirtschaftlichem Gebiet zu unerwünschten Nachteilen geführt. Eine befriedigende Lösung wäre hier nur durch eine Grenzverschiebung möglich, und zwar durch Umgliederung

eines Gebietes von der Größe etwa eines Kreises entweder von Bayern an Württemberg oder umgekehrt.

b) Der auf der Grenze zwischen Mittelwest- und Süddeutschland liegende Aschaffenburger Raum kam 1814
an Bayern. Das Gebiet gehört sowohl bevölkerungs-
mäßig wie geographisch zum Rhein/Main-Raum. Wirtschaftlich bestehen dagegen Bindungen sowohl zu Bayern
wie auch zum Rhein/Main-Gebiet. Nach Auffassung des
Lutherausschusses[39], der man sich anschließen kann, erscheint eine Umgliederung nicht besonders dringend.

c) Ähnliches gilt für die Regionalprobleme im Raum Tau-
berbischofsheim und Lindau, auf die ich daher hier nicht
näher eingehen möchte.

Damit sollen jedoch die in Süddeutschland bestehenden
Neugliederungsfragen keineswegs unterbewertet werden.
Der Gesetzgeber müßte auch hier unter Beachtung der Richt-
begriffe des Art. 29 Abs. 1 GG optimale Lösungen anstreben.

VI.

Damit komme ich zum Schluß meiner Darlegungen. Wie soll
nun das Neugliederungsproblem weiter betrieben werden? Wann
soll endlich der Verfassungsauftrag des Art. 29 GG erfüllt werden? Dazu wird man vielleicht folgendes sagen dürfen:

Zur Zeit liegen dem Bundesgesetzgeber, wie ich oben dar-
gelegt habe, Entwürfe zur Bereinigung der Baden-Frage vor.
Man sollte hoffen und erwarten, daß es insoweit in absehbarer
Zeit zu einer Lösung kommt. Hinsichtlich der Neugliederung im
übrigen Bundesgebiet, also vor allem im mittelwestdeutschen
Raum (Hessen, Rheinland-Pfalz, Saarland), aber auch im nord-
westdeutschen Raum, wo die Volksbegehren in Schaumburg-
Lippe und Oldenburg noch einer Bereinigung harren, hat die
Bundesregierung bisher die Auffassung vertreten, daß die Probleme der Wiederherstellung der deutschen Einheit es nicht ge-
raten erscheinen ließen, eine umfassende Neugliederung mit den
zu erwartenden Emotionen in den betroffenen Gebietsteilen in
Angriff zu nehmen; auch erschien der Bundesregierung der Zeit-

---

[39] Luther-Gutachten S. 127.

raum, seitdem das Saarland wirtschaftlich eingegliedert ist, noch zu kurz, um dieses Land mit in die umfassende Neugliederung einzubeziehen.

Ich möchte meinen, daß man hier in Berlin für die bisherige zurückhaltende Einstellung der Bundesregierung Verständnis haben wird. Das Bundesverfassungsgericht hat in seinem letzten, zur Neugliederungsfrage erlassenen Urteil vom 11. Juli 1961, in dem es die Anträge des Landes Hessen u. a. als unzulässig verworfen hat, in einem obiter dictum gesagt, der Verfassungsauftrag zur allgemeinen Neugliederung sei „ohne Rücksicht auf die Wiedervereinigung und die Eingliederung des Saarlandes zu vollziehen".[40] Mit den Argumenten der Bundesregierung hat es sich bedauerlicherweise nicht auseinandergesetzt.

Wie dem auch sei: Ist die Baden-Frage als erste Neugliederungsphase bereinigt, dann stellt sich die Frage der Neugliederung im übrigen Bundesgebiet erneut. Wenn es die außenpolitische und gesamtdeutsche Situation dann gestattet und eine Gesamtkonzeption für den mittelwestdeutschen Raum gefunden werden kann, wird man diese Neugliederung im übrigen Bundesgebiet als weitere Phase anschließen können.

---

[40] BVerfGE 13, 97.

JOHANNES BÜHLER

Vom Bismarck-Reich zum geteilten Deutschland

Deutsche Geschichte seit 1871

Groß-Oktav. XIV, 1027 Seiten. 1960. Ganzleinen DM 36,—

„Es ist dem Autor gelungen, ein Werk vorzulegen, das in seiner Gesamtheit
zum Studium empfohlen werden kann, das aber auch alle Voraussetzungen
eines qualifizierten Nachschlagewerkes erfüllt. Dies ist um so bemerkens-
werter, als die behandelte Zeitspanne bis in die jüngste Vergangenheit hin-
einreicht ... Der Band ist weitgehend eine exakte Beschreibung des Ge-
schehens, ohne daß die Vorgänge und Entwicklung einer Wertung unterzogen
werden, nur so kann zunächst die Grundlage geschaffen werden, um sich ein
Urteil über die jüngere deutsche Vergangenheit und ihre Ausstrahlungen bis
in die Gegenwart zu bilden. Deswegen ist das Werk nicht trocken, es ist vielmehr belebt durch manche Einzelheiten, die der Kennzeichnung von Zusam-
menhängen dienen, selbst Anekdoten werden aus diesem Grunde verzeichnet.“

Ostdeutscher Literatur-Anzeiger, Würzburg

VERÖFFENTLICHUNGEN DER VEREINIGUNG
DER DEUTSCHEN STAATSRECHTSLEHRER

19. Verträge zwischen Gliedstaaten im Bundesstaat / Schranken nichthoheitlicher Verwaltung

Berichte von *Hans Schneider, Wilfried Schaumann, Walter Mallmann,
Karl Zeidler* und Aussprache zu den Berichten.
Oktav. IV, 291 Seiten. 1960. DM 30,—

20. Prinzipien der Verfassungsinterpretation / Gefährdungshaftung im Öffentlichen Recht

Berichte von *Peter Schneider, Horst Ehmke, Günther Jaenicke* und
Walter Leisner.
Oktav. IV, 288 Seiten. 1963. DM 36,—

WALTER DE GRUYTER & CO. · BERLIN 30

vormals G. J. Göschen'sche Verlagshandlung · J. Guttentag, Verlagsbuchhandlung · Georg Reimer · Karl J. Trübner · Veit & Comp.